Schläfst du Mutter?

Ruth. Novellen

Jakob Wassermann

Alpha Editions

This edition published in 2022

ISBN : 9789356900875

Design and Setting By
Alpha Editions
www.alphaedis.com
Email - info@alphaedis.com

Contents

Schläfst du Mutter?

I.

Peter VogelsangGeht auf den Grillenfang,Hat eine lange NaseUnd Ohren wie ein Hase ...

Ich lasse sie schreien, die Knirpse, dachte Peter und schritt würdevoll seine Straße fürbaß. Das Spottgedicht stammte vom Herrn Lehrer selbst, aber Peter war fest überzeugt davon, daß ihn diese »Kinderei« gleichgültig lasse. Wenn er in den Zwischenpausen träumerisch, fast tiefsinnig im Schulhof stand, hinten am Zaun, wo man auf den Fluß hinabsehen konnte, der so ruhig und so klar vorbeiströmte, oder wenn er abseits von dem Knäuel der Aufgeregten mit nachdenklich verschränkten Armen dastand, mußte ihn oft die spöttische Mahnung des Lehrers aus seinem Sinnen wecken. Aber Peter lächelte nur, und dieses Lächeln war nicht ohne eine gewisse Geringschätzung; denn er war bei seinen neun Jahren schon ein beachtenswerter Philosoph, der über den lieben Gott bereits sein ganz bestimmtes Urteil hatte.

Es war ein Mittwoch-Nachmittag und er ging spazieren. Er trug einen dünnen Spazierstock aus Weichselrohr, – die Mutter hatte ihn gestern erst gekauft, – und damit hieb er fortwährend auf die Einfassung des Trottoirs los, gerade als könne er sich damit von einer Summe innerer Zweifel befreien. Am Lilienplatz ertönten die Schmiedehämmer und das war ein heller, fast klagender Laut. Peter blieb stehen, denn diese Töne fesselten ihn sehr. Klang es nicht, wie wenn die alten und berühmten Recken mit ihren Schwertern aufeinander loshieben? Wahrlich, wenn man die Augen schloß, so konnte man glauben, Laurin kämpfe in vollem Gewaffen mit Dietrich von Bern. Dann sah er noch zu, wie einem Pferd die Hufeisen erneuert wurden, und so beklommen war sein Herz bei diesem Schauspiel, daß ihn selbst der arge Gestank des angesengten Hufs nicht vertreiben konnte. Er staunte nur, daß ein Pferd so schön stille halten konnte, während man ihm Nägel in die Füße schlug. Er ging weiter, aber das Staunen über diesen sonderbaren Umstand wollte ihn gar nicht mehr verlassen. Er dachte: man sollte das einmal bei mir probieren! man sollte m i r einmal Nägel in die Füße schlagen! Erstens würde ich schreien und dann ... dann würde schon Papa kommen ...

Als er sich der Fischergasse mit ihrem schlechten Pflaster und ihren kleinen, baufälligen Häusern näherte, dachte er: dies Fürth ist doch eine häßliche Stadt. Warum hat mich der liebe Gott nicht in einer Stadt mit schöneren Häusern geboren werden lassen? Schon der Name ist so häßlich. Es giebt doch so schöne Städte: Babylon oder Bagdad oder Palmyra ....

Seine kindische Sehnsucht machte seine Schritte größer und hurtiger. Bald lagen die Wiesen vor ihm.

II.

Lange Zeit verfolgte er die Landstraße, die kahl und schattenlos dalag, während der weiße Staub sie gleich einer Mehlschicht bedeckte. Am wolkenlosen Himmel stand die Sonne, und alles Land lag da: leblos, gleichsam schlaftrunken. Bienen und Hummeln summten vorbei und der Kohlweißling und das Pfauenauge flatterten umher. Hinter den Hügeln drüben erhob sich ein Dorfkirchturm einsam in die Luft, lang und schmal wie eine Lanze. Ein leichter Schleier verhüllte die Fernen, und je weiter sich der Knabe von der Stadt entfernte, desto stiller, desto feiertäglicher wurde es in der Runde um ihn. Er hätte immer zuwandern mögen in diese große Ebene hinaus, die so trügerisch den Schein eines Unermeßlichen erweckte. Nichts fesselte das Auge hier und stets sah man die schwere, gleichförmige Linie des Horizonts: aber dies Flachland birgt Schönheiten, die denen der Nacht verwandt sind.

Peter Vogelsangs Ziel war der Wald. Und während er weitertrippelte, überließ er sich völlig seinen Träumereien. Wie herrlich wäre es, wenn er jetzt als Anführer einer Armee die Straße zöge! Natürlich mußte er dazu schon groß sein und stark, – stärker wie Haushammers Fritz, ja sogar stärker wie der Vater selbst. Er blieb stehen ..... nein, am Ende war es doch viel hübscher, Kapitän zu werden, Seeräuber zu werden. Er legte den Finger an die Nase und sann emsig darüber nach, was wohl ersprießlicher sein möchte: Feldmarschall zu werden oder Seeräuber? Wenn er aber bedachte, daß man es vom Feldmarschall gar leicht zum Kaiser bringen kann? Es war schwer, darüber ins Klare zu kommen. Er wollte die Bäume an der linken Seite der Straße zählen, bis hinauf zur Hügelspitze; und wenn eine gerade Zahl herauskam, wollte er Kaiser werden und wenn eine ungerade herauskam, wollte er Seeräuber werden. Wenn das Tante Lina wüßte, würde sie natürlich wieder lachen, aber wovon verstand sie denn eigentlich etwas? Überhaupt, die Mädchen verstehen ja gar nichts, sagte er finster vor sich hin. Er haßte die Mädchen, und obwohl Tante Lina schon verheiratet war, rechnete sie Peter doch zu den Mädchen. Sie redete immer bloß von ihrem Alfredchen und von ihren neuen Tüllgardinen oder so und vom lieben Gott zum Beispiel verstand sie gar nichts. Auch hatte sie nicht einmal gewußt, daß die Sonne größer ist, als die Erde. Das Empörendste war aber, daß sie immer vom Storch sprach, der die kleinen Kinder bringe. Als ob er das geglaubt hätte, solche Kindermärchen!

Und er versank in tiefes Grübeln. Eigentlich war er doch noch nicht fertig mit diesem Storch. Wer sollte einen denn sonst bringen, wenn es nicht der Storch war? Aber andrerseits, welches Interesse konnte der Storch daran haben, daß die Menschen Kinder bekämen? Ja, – und dies war der Hauptpunkt: im Herbst ziehen doch die Störche fort, können also keine Kinder bringen: er wußte aber ganz genau, daß die Kinder auch dann auf die Welt kommen, wenn gar keine Störche mehr da sind. Und was ist dies für ein geheimnißvoller Ort, wo die vielen winzigen Kinderchen liegen? Ein großer See, von dunklen Wildnissen umspannt; rosenfarbige Vögel schwimmen darauf umher und am Rand steht himmelhohes Schilf. Und es giebt keinen Tag und es giebt keine Nacht dort, sondern immer nur ein seltsames Dämmern und eine Prinzessin liegt im Wald und ist verzaubert und schläft, bis der Königssohn kommt.

Er betrat den Wald. Schlanke Föhren standen da, soweit man sehen konnte. Ringsherum war es halbhell; aber wenn man zwischen den Stämmen durchschaute, wurde es dunkler und immer dunkler, bis sich der Blick in Nacht verlor. Der Boden war schwellend weich und glatt, denn er war von Nadeln ganz besät. Ein Specht hackte unaufhörlich, und weit in der Ferne rief der Kuckuck. Drüben am Grabenrand standen große, schneeweiße Blüten auf starken Stengeln, und sie schwankten hin und her, wenn ein Luftzug sie traf.

Hier und dort waren die Stümpfe frisch abgesägter Bäume, und das glatte Holz leuchtete mit seinem dunklen Gelb weithin durch den Wald. Bald schlossen sich die Stämme dichter zusammen und jegliches Geräusch verstummte. Es schien auch, als ob die Bäume höher würden und die Dämmerung breitete sich aus gleich einem Schleier. Müde schlich Peter vorwärts. Spinnfäden, die sich von Stamm zu Stamm spannten, legten sich um seine Wangen, und das Unterholz breitete sich aus wie eine kleine Wildnis und erschwerte das Gehen. Erschöpft legte sich der Knabe unter einigen Tannen zur Rast nieder. Wie schlank und stolz erhoben sich die starken Bäume! Wie weich war dieses Lager trockener Nadeln, wie süß und still war die Luft und wie voll von Frühlingsträumen war sie! Wie schwer wurden die Gedanken und wie heimlich zugleich! Wie fern war die Welt, wie fern der Lehrer mit seinen Schulaufgaben und die dummen Buben alle mit ihren Neckereien! Wie müd konnte man sein und wie froh zugleich!

Peter wollte sich bald wieder erheben, aber auf seinen Gliedern lastete es wie Blei. Er sagte sich: ich muß ja nach Hause; ich werde sonst zu spät zum

Abendessen kommen. Doch er hatte nicht einmal die Kraft, den Kopf zu heben. Es war schön, mit ausgestreckten Gliedern daliegen zu können wie ein Kaiser und ins dunkelgrüne Nadelwerk zu blicken. Immer zu phantasieren, so, als ob es keine Menschen gäbe. Wenn er Kaiser wäre, wie schön würde es auf der Welt sein! Nur dreimal in der Woche würde Schule abgehalten und dann würde er Stolbergs Wilhelm, der ihn immer während der Rechenstunde am Nacken kitzelte, von seinen Leibwächtern durchprügeln lassen. Aber mitten in die herrlichen Gedanken trat wieder die Sorge um die Heimkehr. Er fühlte es wie einen Druck auf dem Herzen, ja, es wurde ihm sehr angst, aber dennoch fesselte es ihn wie mit Ketten an diese weiche, kühle Walderde. Die Mutter glaubte ihn bei Haushammers Fritz oder bei Tante Lina, und er lag da, fern von der Stadt und ihm war so gut! Er hatte nun die Empfindung, als sei er aufgesprungen und wandere heimwärts, aber in Wirklichkeit waren ihm die Lider zugefallen und er schlief.

Er träumte, daß er ein Pferd sei und man ihm Hufeisen an die Füße nagelte. Aber siehe, er empfand gar keinen Schmerz und er war sogar stolz auf diesen neuen glänzenden Schmuck.

Dann träumte er, er sei gestorben. Er wurde in einen Sarg gelegt und wurde begraben. Aber als er drunten lag im Grab, da fand er, daß er noch nicht ganz gestorben sei, und er wachte wieder auf. Er krabbelte aus dem Loch heraus und, angethan mit einem großen weißen Totenlaken, machte er sich auf den Heimweg. Die Stadt lag noch im Morgengrauen und war ganz, ganz öde. Da begegnete ihm am Bahnhof Haushammers Fritz.

»Ich hab' gedacht, du bist tot,« sagte der.

»Ich war schon tot,« erwiderte Peter, »aber jetzt bin ich wieder aufgewacht.«

»Jetzt gehst gewiß heim?«

Peter nickte.

»Was wird denn da dein Vater sagen, wennst jetzt schon wieder kommst? Der wird schimpfen!«

Am Brunnendenkmal blieb Peter stehen und dachte nach. Und er bekam solche Furcht davor, was der Vater sagen würde, daß er schnell wieder umkehrte und sich ins Grab legte.

III.

Als er erwachte, war es Nacht. Große Angst erfaßte ihn, und die kühle Luft drang ihm bis auf die Haut. Das Weinen war ihm nah, als er sich so allein sah, mitten im Wald, Gott weiß zu welcher Stunde der Nacht. Wenn jetzt Räuber kämen oder Mörder, oder Kobolde oder Riesen ... Hastig ging er vorwärts, am ganzen Körper zitternd.

Schneller, als er gedacht, lichtete sich der Wald. Und dann ging er die Landstraße hinab und weithin dehnten sich Äcker und Wiesen und das grüne Mondlicht lag auf allem Land. Schierlingskraut und Löwenzahn standen am Weg und der Tau breitete sich aus, daß es schien, als ob der Boden dampfe.

Peter schritt rasch und mit angstvollem Herzen weiter. Kein Mensch begegnete ihm; kein Haus, keine Wirtschaft war in der Nähe. So still war es und so voll Frieden wie in einer Kirche. Wenn er innehielt, um Atem zu schöpfen, konnte er weit in der Ferne den Schrei des Käuzchens vernehmen und er fürchtete sich davor. Einmal biß er sich auf die Unterlippe, um nicht laut aufzuweinen. Was wird die Mutter sagen, murmelte er beständig vor sich hin. Da entsann er sich dunkel, daß ein schwerer Traum seinen Schlaf beunruhigt hatte. Aber er wußte nicht mehr, was er geträumt hatte. Er zermarterte sich förmlich, dachte tief und andächtig nach, aber es war, als necke ihn der Traum noch jetzt, – je mehr er sich quälte, je ferner fühlte er sich seiner Spur. Doch hatte er die Empfindung, als sei dadurch eine Lücke in seinem Innern entstanden; die Vorstellung des bösen Traums beunruhigte sein Gemüt, und die Furcht vor dem Unbekannten ließ das nur Geträumte zu einer lebendigen Gefahr anwachsen.

Schon betrat er die Straßen der Stadt, da hörte er elf Uhr vom Rathausturm schlagen. Er seufzte erleichtert auf, denn er hatte geglaubt, es sei schon drei Uhr oder gar vier Uhr. Allerdings, wie einsam war es auch auf all den Gassen! Kaum daß man in den Stockwerken der Häuser noch hie und da ein Licht gewahrte. Keine Laterne brannte. Zauberhaft nahm es sich aus, wenn so die Straße in Licht und Finsternis geteilt schien, auf der einen Seite der Mondschein, der die nüchternen Bauten verschönte und alles Häßliche an ihnen versteckte. Die scharfgeschnittenen Schatten, die es überall gab und dann der tiefgrüne Nachthimmel mit ein paar schüchternen Sternen, die nur wie hingehaucht erschienen ... Über all dem schwebte dieser leise, leichte, duftige Frühlingsnebel, unbeweglich und traumhaft.

Bald stand Peter am Wohnhaus in der Theaterstraße. Das Thor war versperrt und er mußte läuten. Niemand kam. Sein Herz klopfte zum Zerspringen, als er zum zweitenmal den verrosteten Glockenknopf zog. Ein schriller, zirpender Laut drang bis auf die Straße heraus.

Endlich wurde oben ein Fenster aufgerissen, und der Kopf der alten Magd wurde sichtbar. Ihre große, weiße Haube ragte weit vornüber. Sie grunzte, rief etwas ins Zimmer zurück, schlug das Fenster wieder zu, und gleich darauf polterte sie die Stiege herab und empfing den Knaben mit jener Flut wohlgemeinter Schmähungen, die oft größere Freudenbezeugungen sind als Küsse. Der Vater sei fort, um ihn zu suchen, und die Mutter weine sich die Augen aus dem Kopf.

Als er furchtsam die Thür des Wohnzimmers öffnete, sah er die Mutter am Tisch sitzen. Aber sie weinte nicht. Sie blickte den Knaben traurig an, doch so, als ob sie ganz vergessen hätte, daß sie seinetwegen Sorgen gehabt, und als ob ganz andere Bekümmernisse sie jetzt erfüllten, – wie eine Frau, welche die Zukunft ihrer Kinder in dunklen Farben sieht. Sie sagte kein Wort zu Peter.

Der Knabe stand an der andern Seite des Tisches und wagte nicht, die Augen aufzuschlagen. Er heftete seine Blicke auf die Zeitung und immerfort las er die Kapitelüberschrift des Romans. Immerfort las er das: »Achtzehntes Kapitel. Alma wird gerächt.« Dabei aber schlug das Ticktack der großen Wanduhr unaufhörlich an sein Ohr, und sogar das schnelle Ticken der kleinen Taschenuhr vernahm er, die der Mutter gehörte, und die an der Wand über der Kommode hing. Bald darauf begann Barbara in der Küche geräuschvoll mit den Tellern zu hantieren, und diesen Lärm empfand er im Innern wie einen Trost.

Als sein Blick nach einiger Zeit die Mutter traf, hatte sie sich blaß und abgespannt in den Stuhl zurückgelehnt. Und seltsam, in diesem Moment kam es wie eine Erleuchtung über ihn, und der Traum im Wald stand lebhaft und in aufdringlichen Farben vor seiner Seele. Aber noch immer redete er nicht. Das war ihm unmöglich, hinzugehn zur Mutter, ihre Hand zu nehmen und zu sagen: verzeih mir.

»Wo warst du?« fragte endlich die Mutter mit einem Stirnrunzeln, das so klang, als wäre sie von einer Last schwerer Träume erlöst worden. Dann erst wiederholte sie, gleichsam sich selbst findend, in strengerem Ton und mit drohendem Stirnrunzeln: »Wo warst du?«

Peters Finger spielten mit den Fransen des Tischtuchs, und seine Blicke suchten am Boden umher. Und so oft auch die Mutter fragen mochte, der

Knabe schwieg beharrlich. Nicht aus Trotz, nicht aus Verstocktheit, nicht aus Furcht, sondern nur deshalb, weil er nicht reden konnte. Er vermochte nicht ein einziges Wort zu finden. Er kam sich in diesem Augenblick so schuldbeladen vor und zugleich so arm und weltverloren, daß er sich völlig in diese Vorstellungen voll Schmerz und Trauer vertiefte.

Da hörte man Schritte auf der Treppe, und die Mutter nahm ihn rasch bei der Hand. »Der Vater kommt,« sagte sie, »er wird dich schlagen. Schnell, geh hinein und schlüpf ins Bett. Ich will ihm sagen, daß du schläfst. Und jetzt mußt du brav sein, und wenn du brav bist, sag' ich es Lizzi. Lizzi kommt nämlich morgen. Freust du dich? Du hast sie doch schon lange nicht mehr gesehn –? Das ist jetzt ein großes, schönes Mädchen geworden und du mußt recht nett mit ihr sein.«

Dann stand er in dem finstern Zimmer, wo sich sein Bett befand. Aber er entkleidete sich nicht, sondern setzte sich auf den Bettrand und versank in tiefes Sinnen. Was die Mutter eben gethan, erschütterte ihn bis ins Innerste. Sie wollte also nicht, daß der Vater ihn schlug –? Ja, und warum war sie so traurig gewesen? Sonst, wenn er sich verspätet oder wenn er irgend ein Unheil angerichtet, hatte sie ihn ermahnt oder hatte gescholten, und heute war sie so still und nachsichtig gewesen ... Hätte sie ihn doch lieber gescholten! Hätte sie ihn doch an den Ohren gepackt!... Aber sie schien so traurig zu sein und er fragte sich: warum ist die Mutter nicht glücklich? Sie hat doch immer so viel Geld, und sie kocht doch immer so gute Sachen, und so schöne Kleider hat sie, und Schmucksachen, und den Vater hat sie auch –? Und Lizzi sollte kommen –? Die freche kleine Cousine Lizzi –? Er wollte ihr schon zeigen, daß er jetzt ein Mann geworden sei, und wenn sie frech war, so würde er sie einfach mit Verachtung strafen ... Aber im tiefsten Grund seines Herzens wurde es gleichsam ein bischen warm und gemütlich, wenn er an Lizzi dachte.

Die regelmäßigen Atemzüge der beiden kleineren Geschwister drangen an sein Ohr und vom Wohnzimmer her kam jetzt die sonore Stimme des Vaters in beständigem Gemurmel herüber. Das Mondlicht fiel durchs Fenster und zeichnete vier Parallelogramme auf den Boden, über denen der Schatten des Gardinenmusters wie ein Nebel gebreitet war.

Da hörte er des Vaters Stimme hart und hastig: »Es muß sein, Agnes. Das Geld muß ich haben. Ich bedaure, daß ich so viel Liebe an dich verschwendet habe, wenn du mir nicht einmal dies kleine Opfer bringen kannst.«

Darauf erwiderte die Mutter eindringlich und entschieden: »Niemals, Rudolf! Das Geld ist für unsere Kinder deponiert worden und kein Pfennig soll davon genommen werden. Du hast es damals selbst gewollt. Ich erinnere mich noch genau, wie du kamst. Oder soll das auch nur eine von deinen großen Redensarten gewesen sein?«

»Ich mache keine Redensarten. Du machst Redensarten. Und wenn du eine vernünftige Frau wärst, würdest du wissen, was du jetzt zu thun hast. Du siehst doch, daß ich zu Grunde gehe ...«

»Du bist ein Egoist,« erwiderte die Mutter so leise und so traurig, daß von diesem Tage an das Wort Egoist in Peters Vorstellungen als etwas Ungeheures und Furchteinflößendes sich entpuppte. »Du hast nie für andere Leute ein Gefühl gehabt. Nur für dich. Man braucht dich ja nur reden zu hören. Selbst wenn du von andern sprichst, sprichst du nur von dir selbst; heut abend, wie Peter nicht kam, hast du nur immer über die Sorge gejammert, die dir der Bub macht, aber –«

»Schweig, schweig, du bist lächerlich,« flüsterte der Vater heftig und sehr erregt.

»Schweigen? Ich hab elf Jahre lang geschwiegen. Ich gebe mein Herzblut für euch hin, sagst du immer. Aber ich, ich für meinen Teil finde gar nichts Besonderes in dem, was du thust. Erstens sitzest du jeden Abend im Wirtshaus und spielst und bist vergnügt und ich bin dir gleichgültig. Es ist dir gleichgültig, was ich treibe. Wir waren eine gute Partie, nun ja, das ist eigentlich alles. Du hast nie gewußt, was eine Frau ist und was sie sonst noch für Sehnsucht haben könnte außer ihrem Wochengeld und – – Ich darf zu Grunde gehen in Langeweile und Einsamkeit, du hast ja deine Gesellschaft beim Kartenspiel, und die ist dir lieber als Frau und Kinder .... nein, nein, denke nur nicht, daß ich was von dir begehre. Ich habe nie was gewollt, aber was du jetzt von mir willst, – o ich durchschaue dich. Dich kenn ich!«

Noch viele Worte hörte Peter, aber es waren nur Worte für ihn. Langsam kleidete er sich aus und kroch ins Bett. Seine Bewegungen waren alle schwer, fast getragen vom Nachdenken. Ja, er kam sich so feierlich vor, so viel würdevoller als sonst und viel männlicher. Und er glaubte alles zu verstehen, was er gehört hatte. Zum erstenmal schaute er in das Leben, das vor ihm lag, hinein wie in ein dunkles Loch. Ein leichter Schreck ergriff seine Seele, und er fühlte etwas wie Schwäche gegenüber den künftigen Tagen. Diese Welt erschien ihm vollgepfropft mit unheimlichen Schicksalen und häßlichen Leiden. Sein Geist flüchtete ängstlich in die alten Zeiten der Sagen und der Heldenthaten und das Übernatürliche und Traumhafte war ihm das allein Begreifliche und Berechtigte. Und er schloß die Augen und Bild auf Bild, blaß und blasser schwebte ihm vorbei, und Märchen und Wunder erfüllten sein Herz und seine Träume waren leicht und golden.

IV.

Ganz ohne Übergang, ganz plötzlich und stürmisch waren Ende April diese warmen Tage gekommen. In allen Gassen roch es nach Frühling und die jungen Blüten wiegten sich bedächtig hin und her und wußten ihr junges Leben noch nicht so recht zu genießen. Der Frühling hat uns überfallen, sagte Frau Agnes Vogelsang und sie lächelte dabei so, als ob von einem guten Freunde gesprochen würde.

Peter, der seit drei Tagen Ferien hatte, fühlte sich froh im Bewußtsein der freien Herrschaft über all die Stunden des Tages. Des Morgens saß er still im Zimmer und las. Er vertiefte sich in die Historien des alten babylonischen Reiches. Ja, diese asiatischen Völker in all ihrem satten Prunk, mit dem Geheimnisvollen und Düstern, das sie umgiebt, lockten ihn sehr. Wenn er die seltsame Geschichte des Sardanapal las, so ergriff ihn jedesmal eine fast dichterische Glut, und er sah die Feuer an den Wänden des Palastes lodern, und er hörte die schmerzlichen Schreie der Frauen, und er sah den König selbst, wie er inmitten seiner Getreuen stand und die Lanze gepackt hielt wie ein echter Held und wie er bleich wurde und wie dann die Flammen kamen und wie der Rauch kam und wie er lächelte und immer lächelte, wenn die andern sich vor Schmerz wanden. So sah er den Sardanapal. Und er erzählte das alles Haushammers Fritz, und sie unternahmen Heldenthaten von ähnlicher Bedeutung, zogen mit Holzschwertern in den Wald hinaus und suchten einsame Burgen und stille Höhlen und wilde Tiere und die Fußstapfen böswilliger Feinde. Und er träumte des Nachts von seltsamen Ländern, wo Blumen waren so groß wie bei uns die Bäume und wo ein ewiger Sonnenbrand herrscht oder eine ewige Dämmerung oder der süße Frieden des Waldes und wo die Menschen gute Augen haben und wo fromme und starke Könige die schönsten Knaben als Pagen in ihren Palast rufen lassen. So ging sein Tag in Träumen hin, und sein Auge suchte in dieser Welt der Zahlen nach Wundern. Und er las auch die Bibel (heimlich las er sie), und ein kühler Schreck erfaßte sein empfindliches Herz vor jenen blutigen Greueln und vor jenen übermenschlichen Gestalten der grauen Vorzeit. Und erst des Abends, wenn er oft mit Barbara am Herdfeuer der Küche saß, wenn die Sphinxe und die Nixen und die Nymphen sich erhoben aus düsteren Verstecken, wenn der Wald in seiner süßen und ziehenden Dunkelheit wie ein lebendiger Mensch erschien, wenn die flackernden Flammen des Herdfeuers als kleine, boshafte Kobolde ein spukhaftes Wesen trieben, wenn Drachen und Lindwürmer mit feurigen Glotzaugen vor dem Sims saßen und durch die Scheiben starrten, wenn jeder Kochtopf sich als ein Zauberwerkzeug und jeder Schemel sich als feige schleichendes Tier entpuppte, dann war das Leben eitel Abenteuer und Furchtbarkeit für Peter und es lockte und rief ihn hinaus auf Haide und Moor und Wald und Thal mit tausend wohlverständlichen Stimmen.

Frau Agnes liebte das alles nicht. Sie liebte die Träumereien nicht und sie liebte die Märchenbücher nicht für den Knaben. In dem melancholischen Ausdruck seiner Augen lagen ohnehin schmerzliche Garantieen die Fülle für sie. Sie wußte, daß er nur mit älteren Knaben verkehrte und daß er gegen jüngere einen gewissen Hochmut zur Schau trug oder eine fast väterliche Nachsicht. Es war ihr ja kein Rätsel, wie dies Düstre, gleichsam Schwerflüssige in das Kind gekommen war. Ihr selbst hatte das Leben nie viel Munterkeit und Glück gegeben, und trüb und finster und plump war diese Stadt. Streng und ernst und geradlinig war das Land. Wenn man draußen stand auf dem Feld und man sah die bleiernen Wolken des Himmels über sich, so mußte man träumen. Man verlor die Energie des Gedankens und mußte träumen. Das Haus da war nicht alt, sonst hätte gewiß nicht jene heimliche Poesie der alten fränkischen Häuser gefehlt, – nein, es war so neu und kahl wie die Fabrikschlöte, die gegen den Anger hinaus lagen. Und viel Werkthätigkeit und Hastigkeit war in allen Straßen der Nähe und spielende, schlecht gekleidete Kinder schrieen und lärmten in allen Höfen.

Doch den Zimmern der Etage hatte Frau Agnes die Züge ihres Wesens aufgedrückt, und jene unauffällige, wohlthuende Harmonie lag darüber, von der Tante Regina meinte, daß man dabei an seine Kindheit denken müsse. Wie fremd und geheiligt erschien Peter stets der halbdunkle Salon mit seinen grünlichen Lichtern, mit dem scheuen Glanz seiner hohen Spiegel! Und wenn seine Mutter mit ihrem ein wenig schleppenden Gang durch die Flucht der Räume schritt und nachdenklich hier eine Decke glättete und dort den Staub von einer Platte wischte, so fühlte selbst der Knabe, wie vieler Enttäuschungen es bedurft hatte, um all ihre Wünsche auf dies winzige Königreich zu beschränken, und ein schmerzlich unbewußtes Begreifenwollen regte sich in ihm.

Heut soll Lizzi kommen, dachte Peter, der am Ofen saß, den Kopf in die Hand und den Ellbogen auf das Knie gestützt. Und er dachte darüber nach, welch ein ernstes und gemessenes Gesicht er machen wollte, wenn er ihr die

Hand gab; er wollte sich verbeugen und wollte sagen: Ach, das ist schön, daß du gekommen bist. Nach dem Ach wollte er eine kleine Pause machen.

Von der Küche drangen Bratengerüche herein, und überdies roch es nach Kastaniengemüse. Peter lächelte begehrlich und dann runzelte er die Stirn, in Sorge, daß die Mutter zu wenig davon kochen würde wie neulich. Diese Sorge beunruhigte ihn so sehr, daß er beschloß, in die Küche zu gehen.

Aber als er den Fuß über die Schwelle der Küchenthür setzte, blieb er erschrocken stehen. Frau Agnes saß auf dem Kehrichtfaß, in der einen Hand den langen, hölzernen Kochlöffel, mit dem sie das Mus gerührt hatte, in der andern einen Brief. Sie sah über den Knaben hinweg, geradeaus ins Leere. Ihr Gesicht war fahl und ihre Lippen waren blau. Peter wagte nicht, sich zu rühren, während er lange Zeit mit zuckenden Mundwinkeln dastand und zuschaute, wie langsam stille Thränen über die Wangen seiner Mutter rannen und wie ihr Oberkörper sich vorbeugte und auf das Anricht zu fallen schien. Und dann erhob sie sich rasch und sie schämte sich, vor dem Kind so schwach gewesen zu sein; daher drückte sie das Taschentuch fest gegen die Augen, als sie hinausging.

Peter sann und sann. Doch inmitten der Erregung sah er das Kastaniengemüse schmoren und brodeln und damit das leckere Gericht nicht zu Grunde gehe, nahm er zaghaft den großen Löffel und rührte und rührte, während seine schwärmerischen Blicke gleichsam die Finsternis des Lebens zu durchdringen suchten und ein großes Mitleiden ihn erfaßte gegen ein Unbestimmtes, gegen ein leidendes und trauriges Geschöpf. Doch in seine männlichen Entschlüsse und altklugen Betrachtungen fuhr die fette Stimme der alten Barbara, die ihm den Löffel aus der Hand riß und mit entrüsteten Naturlauten den unbequemen Koch vor die Thüre setzte.

Aber dann lief sie ihm plötzlich nach, nahm ihn auf den Arm und setzte sich auf die Stufen im Flur. Auch sie hatte verweinte Augen, doch sah sie nichtsdestoweniger sehr grimmig aus. Und sie sagte zu Peter, daß sein Vater fort sei und daß sein Vater ein Taugenichts sei und daß sie ihm, Peter, die Rippen entzweischlagen werde, wenn er nicht dazuthue, ein ordentlicher und braver Mensch zu werden, der seiner Mutter eitel Freude bereitet. Und sie schien Lust zu haben, die angedrohte Strafe sogleich zu vollziehen.

Peter begriff nichts von alledem. Was sollte das heißen: der Vater ist fort? Wenn man einmal verheiratet ist, gehört man auch zusammen und dann hat man sich auch lieb. Was konnte der Vater ohne die Mutter anfangen? Wer würde ihm sein Essen kochen? Wer würde ihm die Strümpfe stricken? Peter schüttelte den Kopf und lächelte still und froh in sich hinein. Dann ging er mit übergroßen Schritten im Wohnzimmer auf und ab und dachte an Lizzi, die von all dem keine Ahnung hatte, und er freute sich darauf, sie unterrichten zu können, wie bitter und ernst das Leben ist, und daß die kleinen Kinder ganz wo anders herkommen als vom Storch, und daß es für ihn eine beschlossene Sache sei, Feldmarschall zu werden.

Und sein Blick glitt etwas trotzig zur Mutter hinüber, die am Fenster stand und die Stirn an den eisernen Quer-Riegel gedrückt hatte. Ihre Frisur hatte sich gelöst und das reiche, dunkelblonde Haar fiel wie eine Flut, wie ein Wasserfall bis hernieder auf die Erde und oben in den zitternden Löckchen spielten die Sonnenstrahlen. Und als der Knabe den bitteren und gequälten Ausdruck ihres Gesichts sah, wachte auf einmal eine heiße Begierde in ihm auf, recht schnell groß zu werden, und er fühlte es wie eine Schmach und es demütigte ihn förmlich, daß er noch so klein war und erst neun Jahre alt.

Gleich nach Tisch schlich er davon. Im Korridor hatten die beiden Geschwister aus einer Stiege und drei Stühlen ein Art Karosse erbaut und davor stand ein richtiges Holzpferd. Peter sollte den Kutscher machen wie sonst, doch Peter lächelte verächtlich und sagte: Ich bin überhaupt schon viel zu groß für das Zeugs da. Und er achtete den Protest der Bittsteller für nichts und schritt erhobenen Hauptes weiter. Doch er konnte es nicht unterlassen, trotz des fast männlichen Stolzes, der ihn jetzt erfüllte, rittlings am Stiegengeländer herabzugleiten, so daß er blitzschnell im Hausflur anlangte.

Hinaus gegen den Fronmüllerssteg und unter die Riesenbögen der Eisenbahnbrücke! Dort legte er sich ins warme Gras und blickte hinauf an die Wölbung und träumte von einem Zusammenstoß, wobei viele Menschen umkamen und wo er sich als ein hilfreicher und tapferer Mann zeigen könne. Und dann ging es quer durch die Wiesen zum Waldmannsweiher, wo braun und schwer und düster das Wasser lag. Und das Wasser war tief wie ein Meer und in seinem Grund gab es ungeheure Fische und böse Geister, die der König Salomon in Flaschen eingesperrt hatte. Und ringsherum gab es keinen Vogel und kein Mensch ging vorbei. Und die Bäume hatten dunkelrote Blätter, die ganz unbeweglich an den Zweigen hingen. Drüben rauschte der Fluß und hinauf und hinunter streckte sich die Ebene schier endlos. Die Stille war groß und der Frieden war eindringlich, und es kamen wieder die alten Träume der Macht über Peter, und er sah sich in samtenem Gewand vor dem Lehrer stehen und der zitterte vor Ehrfurcht und fragte: Was begehrt mein hoher Gebieter? Und dann zerfloß diese Fülle von Schönheit und Ruhm und eine weiche zerfließende Wehmut beherrschte dies Kind, und seine Augen blickten verlangend nach der Lösung eines Rätsels, obwohl es doch noch weit von jener Periode entfernt war, wo der jugendliche Geist sich mit schemenhaften Bildern zerquält und befleckt. Aber das Leben selbst erschien ihm als etwas ganz Erstaunliches und Fremdartiges: in seiner Seele schrie es förmlich nach Licht, wenn seine kindliche Phantasie vor jener Schranke Halt machen mußte, an welcher der Storch stand, ein Gegenstand der Verachtung und ehrfurchtgebietend zugleich. Es war auch etwas in ihm, das gleichsam nach Hilfe rief, nach Freundschaft. Es dürstete ihn danach, in die Arme genommen zu werden, in weiche, gute Arme, und daß man ihn dann küßte, auf die Stirn vielleicht oder auf den Mund, und daß man ihm sagte. Du bist brav, Peter, und ich hab' dich gern und du hast so nette Augen und dein Haar ist so weich. So träumte Peter und seine Frische und die natürliche Kraft seines Wesens waren es, die ihn erschauern ließen, wenn eine schöne Frau seinen Weg kreuzte und wenn sie ihn anlächelte, daß er hätte vergehen mögen, oder daß er hätte weinen mögen in irgend einem süßen Schmerz.

Und als er gegen fünf Uhr des Nachmittags am Thor des Geschäfts in der Blumenstraße ankam, zitterte immer noch sein Herz unter der Stärke und dem Reichtum seiner Sehnsucht. Im Gewölbe herrschte eine große Unordnung und die lichtlosen, kellerartigen Magazine waren noch unheimlicher als sonst. Aus den morschen, zerfaserten Dielen stieg bei jedem Schritt der Staub auf und alle Spinngewebe waren schwer davon. Peter wagte es nicht, die Mutter anzureden, die in einem Verschlag nebenan über Büchern und Rechnungen gebeugt saß. Niemand beachtete ihn und er hatte den innigen Wunsch, daß ihm jetzt etwas recht Schlimmes und Bitteres passieren möge, nur damit man sich ein wenig um ihn kümmere.

Er ging hinaus auf den Hof, setzte sich auf den Brunnentrog und gedachte, über all das Unerklärliche, das sich hier abspielte, tief und eindringlich nachzudenken. Doch er dachte statt dessen nur an Haushammers Fritz und an die Schlacht, die er heute mit ihm gewinnen müsse. Wenn ich doch so gut wiehern könnte wie Fritz, dachte er; er sitzt auf seinem Pfahl und wiehert wie ein richtiges Pferd.

Da berührte plötzlich eine leichte, kleine Hand seine Schulter, und als er aufschaute, war es Lizzi. Er vermochte nicht zu sprechen. Er wurde purpurrot im Gesicht und es ward ihm so heiß, daß er kühle Tropfen auf seiner Stirn verspürte. »Grüß Gott, du,« begann das Mädchen. »Kannst du nicht einmal grüß Gott sagen?« – »Grüß Gott,« flüsterte der Knabe folgsam. »Hübsch bist du übrigens«, erklärte Lizzi anerkennend und warf den Kopf in den Nacken. »Weißt, ich bin schon seit drei Uhr da. Um drei Uhr bin ich mit der Bahn gekommen.« – »Allein?« fragte Peter mit schüchterner Bewunderung. – »Ach nein, Vetter Höfting hat mich begleitet. Der ist Soldat.« – »Hm«, machte Peter, »ich werde auch Soldat, ich werde Marschall.«

»Eigentlich hättest du mich doch küssen sollen,« meinte Lizzi stirnrunzelnd. »Ich bin ja von der Reise gekommen.«

»Thu's doch!« erwiderte Peter, über und über erglühend.

»Nein, – du m i c h ! eine Dame darf einem Herrn keinen Kuß geben,« sagte Lizzi laut und nachdrücklich.

»Du bist doch keine Dame,« brummte Peter verächtlich und er freute sich, daß er diesen wegwerfenden Ton gefunden hatte. »Du prahlst ja.«

Aber Lizzi lachte ausgelassen und schob trotzig das Kinn zurück. »Gerade bin ich's! Und doch! Überhaupt du! Deine Mutter hat gesagt, du bist ein Träumer.« Und sie tanzte um ihn herum und klatschte in die Hände.

Peter antwortete nichts. Er machte ein schwermütiges Gesicht und hieb mit seinem Weichselrohr emsig auf den Brunnenschwengel los. Da trat das Mädchen zu ihm heran und flüsterte ihm ins Ohr: »Du, Peter, was ist denn eigentlich bei euch los? Sag doch nur? Tante Agnes hat geweint, wie ich gekommen bin. Sag doch! Ich bin so neugierig!«

»Das verstehst du ja doch nicht!« Peter machte sich würdevoll daran, seinen Rock zuzuknöpfen.

»Bist du mir bös?« fragte die kleine Lizzi und zog verlegen an Peters Haaren. »Komm, sei lustig! Du mußt nicht immer so den Kopf hängen. Wenn du lustig bist, will ich dich auch küssen, – wahrhaftig!«

Und sie näherte ihre Wangen dem Gesicht des Knaben. Und sie sah ihn an mit jener seltsamen Koketterie kleiner Mädchen. Peter preßte die Lippen zusammen und sein Kopf ward ihm wahrlich schwer. Und mit zwei Fingern zog er an der Unterlippe und riß ein Stückchen Haut davon weg. Das alles begriff Lizzi nicht. Nicht, warum er so rot geworden, und auch sein Schweigen nicht. Doch plötzlich, während sie sinnend zum Himmel emporblickte, ergoß sich über ihre Wangen eine Flut von Scham. Sie wandte sich und lief ins Haus. Und Peter schüttelte betrübt den Kopf. Er fühlte sich erbittert und erregt und unzufrieden und wußte nicht warum. Gehässig und feindselig blickte er zu Boden.

V.

Und gegen Abend gingen sie zusammen nach Hause, Hand in Hand.

Schon war die Sonne untergegangen und am westlichen Himmel lag die Röte wie ein großer, gleichmäßiger Farbenklex. Der Himmel war wolkenlos; er sah in seiner Klarheit wie poliert aus und die Bäume in den Gärten, die Sträucher und die Hecken waren mit ihrem blauvioletten Kolorit gleichsam hineingraviert in das stählerne Blau des Firmaments. Man sah gar keine eilfertigen Menschen; jeder schien müde zu sein wie nach einem Bad. Man vermochte an gar nichts anderes zu denken als nur daran, wie schön dieser Abend sei.

Und die zwei Kinder trotteten an den Häusermauern entlang. Sie blickten in die Abendröte und ihnen war, als müßten sie immer weitergehen, bis hinein in das Sonnenfeuer, um dort, wer weiß, vielleicht nur zu schlafen. Die Häuser, die mit der Front nach Westen standen, waren unten an der Straße ganz grau, ganz in Dämmerung begraben und nach oben hin wurde es immer heller, so daß der First in fahlem Licht erglänzte. Und den Kindern war es, als stünden da lauter Riesen, Leib an Leib, die mit bleichen Stirnen hinausguckten ins abendliche Land.

Dann standen sie daheim am Flurfenster, das gegen die Höfe hinausführte. Hier war es so ruhig wie zur Mitternachtszeit. Über den Mauern, über den Häusern war der Mond heraufgestiegen, rund und glühend wie eine Riesen-Orange. Man mußte ihn doch greifen können, den Mond. Ob man sich wohl die Hand verbrennen würde, wenn man seine guten Wangen streichelte? Ach sie wollten auf die Straße und auf das Feld hinaus und wollten wandern und wandern, bis sie den Mond erhascht hatten. Und wenn sie müde wurden, kam vielleicht eine Fee und trug sie hin bis zum Mond und die Fee würde ihnen Flügel geben, daß sie immer umherfliegen könnten auf der ganzen Welt.

Um acht Uhr fuhr eine Kutsche am Haus vor. Da brachten sie Frau Agnes. Der Buchhalter und der Reisende führten sie die Treppen herauf und legten sie im Wohnzimmer aufs Sofa. Sie war im Gewölbe ohnmächtig geworden.

Die Dunkelheit, die Nacht war schon hereingebrochen und die Sterne flimmerten am Himmel. Peter saß am Fenster, während Lizzi mit den beiden Kleinen spielte und scherzte. Er lauschte auf die Klänge eines Klaviers, das irgendwo in der Nachbarschaft gespielt wurde. Es war wohl eine klägliche Art Musik das, aber des Knaben Seele zitterte in andächtiger Sehnsucht den Tönen nach. Jede Musik, auch die ärmste, griff gleichsam mit Krallen in sein Gemüt, so daß er es im Innern wie eine Wunde empfand, die man ihm geschlagen. Er dachte dabei an die Mutter, die er liebte und der er niemals zeigen konnte, daß er sie liebte. Ja, weil er sie liebte, mußte er trotzig gegen sie sein und schweigsam und er konnte nur dann das ganze Herz in den Blick legen, mit dem er sie anschaute, wenn sie ihn nicht bemerkte. Es war, als ob ihm jetzt manches Zukünftige sichtbar würde, und seine Brust ward von einer lastenden Bitterkeit erfüllt. Furchtsam, mit weiten Augen sah er ins Ungemessene.

Am andern Tag kam Tante Regina. Mürrisch, mit fast drohendem Gesicht ging sie im Haus umher. Sie war groß und hager. Ihr Gesicht war gänzlich verknöchert, und ihr Mund war eingekniffen, und wenn sie mit Jemandem sprach, so schaute sie ihn ununterbrochen, fast ohne mit den Lidern zu zucken an, so daß es Vielen völlig unmöglich war, zu lügen, wenn sie mit ihr redeten. Wenn der Abend kam, setzte sie sich ans Bett der Schwester und legte ihre Hand auf die Stirn der Kranken, und es lag etwas so Beruhigendes und Liebevolles in dieser Berührung, daß Frau Agnes oft mit einem Lächeln im Gesicht, langsam einschlummerte. Es war beständig dasselbe Lächeln bei ihr; ein Lächeln mit diesen Worten: o ich habe meine Ideale schon lange begraben.

Peter saß lesend im Wohnzimmer, und das Licht der Lampe war durch einen Crepeschirm so sehr gedämpft, daß rings alles in einer warmen, roten Dämmerung lag. Und wenn er die Augen vom Buch erhob, konnte er die Mutter sehen, wie sie in der weißen Nachtjacke auf den weißen Kissen lag. Auch das Gesicht erschien ihm wie ein weißer Fleck, und die blonden Haare erschienen fast schwarz und umrahmten ihren Körper, der bewegungslos hingestreckt war in der Dunkelheit drinnen.

Und dann kam Lizzi hergeschlichen und legte ihren Arm um des Knaben Hals und sie sahen zusammen auf ein Buch nieder, und Peter that so, als ob er weiterläse, während sein Herz in ungestümer Bangnis klopfte. Sie gingen auch wohl an den Nachmittagen zusammen spazieren und spielten Vater und Mutter, wobei Peter gar zu sehr mit Kenntnissen prahlte, während Lizzi das Kleid raffte, als ob die Schleppe den Boden streife und schmutzig würde. Das ärgerte dann den Knaben, und er nannte sie eine Prahlerin und klopfte mit seinem Stock auf die Pflastersteine los. Darauf hielt sich Lizzi die Ohren zu und rief, das könne sie nicht aushalten, der Lärm mache sie »nervös«. »Das hast du von deiner Mutter gehört«, meinte Peter triumphierend wie ein Ethymologe, der einen Wortstamm entdeckt hat; dann begann Lizzi zu heulen, und dies erschütterte nun Peter gar sehr, so daß er um Verzeihung bat und wie ein Hündchen zu Kreuze kroch.

Sie hatten bald keine Geheimnisse mehr, und das Leben war ihnen wie ein großer Blütengarten und die Sonne schien hell, bis sie ahnten, was im Hause vorging und der schwüle Hauch des Unglücks ihre unschuldige Stirn streifte.

Von Tag zu Tag wurde Frau Agnes kränker. Erst war der Doktor jeden zweiten und dritten Tag gekommen, nach einer Woche schon kam er täglich. Und Tag und Nacht saß Tante Regina an ihrem Bett, oder sie sah in der Küche nach, schaffte Ruhe und Ordnung im Haus, und dabei wurde sie immer wortkarger und mürrischer. Zu Ende des Mai wurde nach einem Professor von der Universität telegraphiert. Als Peter dies hörte, berichtete er es atemlos, jedoch ohne Arg, seiner kleinen Kameradin und die beiden freuten sich, einmal einen Professor mit eigenen Augen sehen zu können.

Kein Laut durfte im Haus hörbar werden. Jetzt begann es auch zu regnen, und es regnete unaufhörlich, den ganzen Tag und die ganze Nacht. Da gingen Peter und Lizzi in den Flur, setzten sich ans Fenster und lasen Märchen. Und es war sehr still. Die beiden kleineren Geschwister waren schon gestern zu einer entfernten Verwandten geschafft worden, da sie immer großen Lärm verübten.

»Du, ich möchte eigentlich wissen, wie das ist, wenn man tot ist,« unterbrach plötzlich die kleine Lizzi die Lektüre.

»Da hat man kein Herz und kein Gehirn mehr«, erwiderte Peter. »Ja, eigentlich möcht ich auch wissen, wie das ist,« fügte er nach einer Weile träumerisch hinzu. »Tot .... tot .... was für ein dummes Wort: t, o, t ...«

»Was ist mehr: tot oder maustot?« fragte Lizzi. »Du, – glaubst du das vom Himmel und von der Hölle?«

»Von der Hölle, – nein! aber einen Himmel muß es doch geben.«

»Ja, aber die Räuber und die, –?«

Lizzi nagte beklommen an ihrer Unterlippe.

»Ich habe schon einmal geträumt, ich wäre tot,« erzählte Peter, der seiner Kameradin imponieren wollte. »Aber da bin ich wieder aufgewacht. Möchtest du sterben?«

Das Mädchen schüttelte langsam den Kopf, und sie flüsterte geheimnisvoll: »Weißt du, wo der liebe Gott wohnt? Ich weiß es. Neben dem Leichenhaus wohnt er, auf dem alten Kirchhof .... Ja, das ist wahr, das hat meine Freundin gesagt und der hat's ihr Bruder gesagt.«

»Das ist blöd«, erklärte Peter. »Der liebe Gott hat gar nicht Platz im Leichenhaus und dann kann er ja auch viel schönere Häuser haben, wenn er will.«

»Er will aber nicht.«

»Ach und überhaupt, der liebe Gott wohnt gar nicht auf der Welt. Er wohnt im Firmament, weit, weit, weit draußen überm Meer, wo schon die Mauer ist. Die ist so hoch wie der Himmel. Das hat Barbara gesagt. Die muß es doch wissen, die ist doch schon groß.«

Lizzi zuckte die Achseln und sprang davon. Sie wollte in den Hof, aber sie erinnerte sich des Regens, und so blieb sie auf der Treppe sitzen und legte das Köpfchen zwischen ihre Hände; die Ellbogen auf die Kniee gestützt, sah sie gedankenvoll vor sich nieder. Peter kam und setzte sich zu ihr. Wie mechanisch ergriffen sich beide an den Händen und sie redeten kein Wort zu einander. Es war so dunkel da und so heimlich und man konnte hinabsehen in den Hausflur, und sogar ein Stückchen Straße konnte man sehen. Der Regen plätscherte und plätscherte und rann die Rinnen herab und es war wie ein Traum, daß sie da saßen, dicht eins ans andere geschmiegt, so daß Jedes des Andern Herz klopfen hörte. Und es schien das Haus voll Todesahnungen zu sein und Peter dachte daran, daß Barbara ihm gestern gesagt, wenn in einem Haus jemand sterben muß, dann fliegt drei Tage vorher der Totenvogel um das Dach. Dreimal fliegt er um den First und stößt einen Schrei aus und dann ist er verschwunden. Ihm war, als sehe er die schwarzen Fittige, als fühle er das Rauschen dieser Fittige und sein Gesicht wurde gar bleich bei solcher Vorstellung. Den ganzen Tag über waren schon die Verwandten gekommen und hatten die Mutter besucht und hatten so trübselig dreingeschaut. Kaum daß sie zu sprechen gewagt hatten. Was sollte das alles bedeuten? Er fürchtete sich vor etwas Unbestimmtem und Namenlosem, vor etwas Schrecklichem. Stets sah er den finstern Herrn Professor von der Universität vor sich, den Alle so ehrfürchtig behandelten, und der so vornehm war, daß er gar nicht einmal reden mochte. O, er hätte groß sein mögen, er hätte dies alles durchschauen mögen ..... Ein Hahn krähte und Lizzi lachte und versuchte, das grelle Kikeriki nachzuahmen. Aber Peter legte ihr erschrocken die Hand auf den Mund. Ihm war, als seien sie jetzt in einem Heiligtum und die Stille und der Frieden dürften nicht gestört werden, um keinen Preis. Der Regen und sein Geplätscher, die Dämmerung ringsumher und das alles machte ihn unbeschreiblich traurig. Er hätte gar gern weinen mögen, wenn er sich nicht geschämt hätte vor dem Mädchen. Daher zuckten nur seine Lippen, und er schaute am Stiegengeländer hinab, als ob er da in die Ewigkeit schaute. Und er nickte immer recht ernst, wenn in kurzen Pausen ein großer Tropfen vor dem Hofthor klatschte. Dort hat die Dachrinne ein Loch, dachte er.

Dann sagte Lizzi, sie habe Hunger, und Peter, als sei dies eine Bevorzugung, versicherte eilig, auch er habe Hunger. So gingen sie hinauf in die Küche und verlangten von Barbara ein Butterbrot. Die aber zog ihr Taschentuch rasch vom Gesicht und herrschte die Kinder grimmig an. Herzlose Rangen seien sie; jetzt sei keine Zeit, um zu essen; sie sollten sich zum Teufel scheren und wenn noch einmal eins komme, werde sie den Besen nehmen.

Nun wurde auch Lizzi traurig. Müd und gottverlassen wanderten sie im Haus herum, vom Zimmer in den Flur, in den Hof. Niemand kümmerte sich um sie und das Herz ward ihnen plötzlich schwer wie Blei. Peter schlug vor, sie wollten in den Speicher gehen, und das Mädchen folgte willenlos. Es war, wie wenn sie sich ihm jetzt unterwürfe und sich bereit erkläre, ihm in allen Stücken zu gehorchen. So ängstlich war ihr zu Mut.

Ein graues, dämmeriges Licht herrschte im Speicher und eine trockene, schwüle Luft. Hier giebt es Taranteln und Molche, dachte Peter, und er fürchtete sich, laut aufzutreten. Alle Verschläge waren geschlossen, bis auf einen einzigen, der sich ganz hinten, zwischen zwei Kaminen befand. Da hinein gingen die Kinder, und Lizzi breitete eine braune, durchlöcherte Decke, die in einer großen Kiste gelegen, auf dem Boden aus, und beide setzten sich darauf, ganz in den spitzen Winkel zwischen Dach und Boden hinein. Und das Rascheln und Trommeln des Regens auf dem Dach war ganz sonderlich anzuhören, und bald sagte Lizzi, daß sie sich fürchte. Doch Peter stand auf und versuchte, den mutigen Beschützer zu spielen, obwohl auch ihm sehr bang zu Mut war und er es bitter bereute, heraufgegangen zu sein. Er stand jetzt am Dachfensterchen und sah hinaus auf die Stadt, auf das weite, ebene Land. Und der Abend nahte heran und drüben im Westen war der Himmel mit einem tiefdüsterroten Band gesäumt. Kein Geräusch drang bis hier herauf aus dem Gewimmel der Häuser, und die Türme, die emporragten, erschienen ihm fast wie Stengel ohne Blüten. Jetzt begannen hinten am Giebel die Tauben zu gurren, und immer stärker trommelte der Regen auf das Schieferdach und tropfte in die Rinne hinab. Über das kleine Fenster floß das Wasser in Strömen, so daß man den Himmel nicht mehr sehen konnte. Peter wagte sich nicht mehr zu rühren; alles in der Runde war ihm plötzlich unheimlich geworden, und er bat den lieben Gott um Hilfe in dieser Not. Lizzi begann leise zu weinen, da ging er doch hin, um sie zu trösten und er setzte sich wieder zu ihr. Sie schlang ihren Arm um seinen Nacken und legte ihre Wange an die seine. Peter schloß seine Augen, denn auf einmal war es ziemlich dunkel geworden, und er wagte nicht hineinzublicken in diese Dunkelheit, denn da sah er den Tod leibhaftig vor sich stehen. Und dann kam auch der liebe Gott und blickte streng herab auf Peter. Es fiel ihm ein, daß er noch gar nicht seine Schulaufgaben gemacht habe, und wie ein leiser Schauer wurde ihm dunkel bewußt, daß es nicht gut sei, solch ein Träumer zu sein. Er sagte gute Worte zu dem kleinen furchtsamen Mädchen, dessen Körper zitternd an ihm lehnte, und er küßte sie auf den Mund. Dann sagte er, sie wollten jetzt wieder hinunter gehen, er fürchte sich nimmer. Da wischte Lizzi die Thränen von ihren Wangen und folgte ihm, bisweilen einen leisen Schrei ausstoßend, wenn irgend ein ungewohnter Laut hörbar wurde. Kaum war sie unten, so war es für sie, als ob nichts geschehen wäre. Sie forderte Peter auf, mit ihr zu spielen und sie spielten Namen-Erraten. Da stritten sie, welcher Name schöner sei: Regina oder Agnes. Peter behauptete, Tante Regina laute häßlich, aber Tante Agnes, das sei wunderbar, herrlich sei das. Lizzi fand jedoch, daß damit die Ehre ihrer Mutter angegriffen sei und schmollte mit Peter.

Am andern Tag kam Peter ins Wohnzimmer, um zu lesen. Als ihn Tante Regina sah, lächelte sie voll Trauer und Güte, und sie sagte, daß die Mutter sehr krank sei. Sie hatte die Thür zum Schlafzimmer nicht ganz geschlossen, darum dämpfte sie ihre Stimme. Aber die Kranke hatte sie trotzdem gehört, und sie rief mit erloschener Stimme, Peter solle hinein kommen.

Es war halbdunkel drinnen. Es roch nach Karbol und nach jener abgelagerten, aufgespeicherten Wärme, die den Krankenzimmern eigen ist. Weiche Teppiche bedeckten den Boden, und Peter beschaute neugierig die vielen Flaschen und Fläschchen und Schachteln und Schüsseln. Er empfand nicht Mitleid mit der Mutter, sondern nur Neugierde und Ehrfurcht erfüllten ihn. Ja, er wünschte auch einmal so krank zu werden, damit man so besorgt um ihn sei, und damit er alles so schön habe. Und die Mutter legte nun ihren Arm um seinen Hals und küßte ihn auf den Mund. Da hatte sie auf einmal jenen Zug der Unerbittlichkeit, den die Mutter als die strafende Macht in seiner Vorstellung besaß, verloren. Und das machte ihn traurig. Er hätte ihr gern sein armes Herz ausschütten mögen. Er hätte ihr sagen mögen, wie verhaßt ihm die Schule war und der dumme Lehrer, und daß niemand da sei, der ihn verstehe und der ihn so recht von ganzer Seele lieb habe, und daß er die Mutter schrecklich lieb habe und es nur nicht sagen könne .... Er brachte kein Wort über die Lippen. Die Mutter reichte ihm eine der Aprikosen, die auf dem kleinen Tischchen am Bett lagen, und er konnte ihr nicht einmal danken.

»Willst du denn ein guter Mensch werden, Peter?« fragte Frau Agnes leise. »Schau, du mußt später immer an mich denken, wenn dir etwas nicht recht erscheint. Ach, und du mußt kein solcher Träumer sein, das mußt du mir versprechen. Du mußt nicht den Kopf immer hängen lassen. Du mußt froh sein, du mußt dir was Großes vornehmen im Leben und mußt immer deine Pflicht erfüllen. Nur nicht so viel träumen; schau, ich hab' auch mein Leben verträumt und es ist nichts daraus geworden.«

Erschöpft hielt sie inne, und dann kamen die Ärzte, und Tante Regina schob ihn hinaus. Immerfort mußte er an die Mutter denken und an das, was sie ihm gesagt. Er vermochte nicht eigentlich darüber nachzudenken, sondern es war nur ein dumpfes Hinträumen; er fragte sich furchtsam, was das wohl sei, dies geheimnisvolle »Leben«, daß man sich so sorgen mußte darob. Er dachte auch wieder daran, daß er bis jetzt noch keine Schulaufgaben gemacht und daß er alle Ferientage verbummelt und verträumt habe. Doch der Abend nahte schon, und er war so müde vom Grübeln, daß er ins Bett ging. Stundenlang hatte er schon geschlafen, da hatte er folgenden Traum.

Er fuhr in einer Karosse und neben ihm saß die Mutter. Und sie blickte mit ihren großen, wundervollen Augen nachdenklich vor sich nieder. Durch eine weite Wüste fuhren sie, in der man nichts als Sand und Steine und die rote Sonne sah. Und hinter der Kutsche lief der Vater und schwang die Peitsche. Sein Gesicht war ganz rot und aufgequollen, ganz häßlich und er schrie immer und konnte nicht nachkommen. Die Mutter aber lächelte verächtlich und streichelte Peters Haar langsam und liebevoll und flüsterte: verträumt hab' ich mein Leben, verträumt ... Plötzlich aber traf sie die Peitsche des Vaters mitten ins Gesicht, und das helle Blut floß aus ihren Wangen und aus ihrer Stirn. Sie wurde immer bleicher, aber der Vater schrie immerzu, und die Karosse stand nicht still. Peter fühlte, wie die Hand der Mutter auf seinem Kopf erstarrte, wie sich die Finger ins Haar einkrampften, als sie sich zurücklehnte, seufzend und bleich .....

Da erwachte er mit einem halberstickten Schrei. Es war anfangs so völlig Nacht um ihn, daß er nicht einmal das Fenster sehen konnte, gerade wie wenn seine Augen im Traum durch eine grelle Lichtflut geblendet worden wären. Eine unbestimmte Angst erfaßte ihn, jenes Gefühl, das gar oft in der Finsternis der Nacht kommt, und das den Menschen unerbittlich zwingt, Schreckbilder zu sehen und an sie zu glauben. Und dann ging diese Angst wieder in jene allgemeine und beklemmende Furcht vor dem Leben über und er kam sich so hilflos vor, so allein. Sein Herz klopfte laut ... Doch plötzlich war es, als ob ein wilder und ungestümer Entschluß in seiner Seele erwacht sei. Ich will nicht träumen, sagte er sich, ich will ein Mann werden. Und jetzt muß ich auch meine Schulaufgaben machen, ja heute Nacht noch, und die Mutter soll sehen, daß ich nicht so ein Herumträumer bin. Feldmarschall werden, das ist ja Unsinn; Baumeister will ich werden, da kann man viele schöne Häuser bauen, und man kann über alle Maurer befehlen und hat auch viel Geld. Da kann ich dann der Mutter was davon geben. Ich will ihr ein großes, marmornes Schloß am Meer bauen, darinnen soll sie wohnen, ganz allein mit mir. Und ihm wurde das Leben plötzlich golden und heiter in seiner Wirklichkeit, nicht mehr wie früher im Traum. Und eine ganz fremde Glut erwärmte nun seinen Körper, so, als ob er vorher hätte leiden müssen durch Frost, und als ob man ihn an nun ein wärmendes Feuer getragen hätte. Ein ganzes Weltbild spiegelte sich in seinem kindlichen Geist, und er sah wohl, daß er noch im Thal wandere, wo es düster war, in der Schlucht, dahin der Tag noch nicht dringen könne; doch oben auf dem Kamm der Berge, da war das Licht und da war Helligkeit, so daß man die Augen zumachen mußte davor. Glück war da oben und Frohheit und Jauchzen und frischer Kampf und keine Träume, sondern der Weg lag da so klar und bestimmt, daß man nicht fehltreten konnte. Und eine schöne Frau stand da. Sie lächelte ihm zu, sie warf ihm Blüten ins Gesicht, und sie neckte ihn, wenn er den Kopf hängen ließ und grübeln wollte. Blühende Landschaften sah er und Flüsse, die vom Gold der Sonne glänzten, und er gewahrte nichts mehr von der Finsternis ringsumher. Ach, wenn er doch jetzt groß wäre und stark, dann hätte er heiraten können, und ein Schloß würde er sich bauen mitten im Wald, und lauter Schlösser in der Runde so herrlich, wie die Residenz des Königs ... Was wollte er alles ausrichten im Leben, was alles vor sich bringen! Wie große Augen würde Lizzi machen, wenn er ihr dies alles berichtete! Und nun mußte er zur Mutter, jetzt gleich, und mußte ihr sagen, daß er kein Träumer mehr sei und kein Kopfhänger, daß er froh sein werde und gut, und gegen alle Menschen freundlich ....

Er sprang aus dem Bett und eilte in das Zimmer der Mutter. Im Wohnzimmer war es finster und ihm schien, als klänge vom Sofa her ein Stöhnen. Er blieb stehen und betastete sich und knöpfte das Hemdchen, das über der Brust offen stand, wieder zu. Denn es fror ihn, barfüßig und im Hemd, wie er war.

Im Krankenzimmer brannte Licht. Aber die Lampe war so tief heruntergeschraubt, daß von der Schwelle aus kaum noch die Gardinen sichtbar waren. Dem Knaben erschien alles anders, gleichsam starrer, lebloser. Er wußte nicht, wie weit die Nacht vorgerückt war, und ihm graute auf einmal vor dieser Einsamkeit und vor der Stille. Wo war Tante Regina? Wo war Barbara? Indem er ins Wohnzimmer zurückschaute, sah er sich selbst im Spiegel, – nur einen weißen Fleck, düster und gespensterhaft.

Dort lag die Mutter. Sie rührte sich nicht. Er flüsterte: »Mutter!« Aber sie blieb trotzdem unbeweglich. Er ging näher heran. Kaum konnte er sich aufrecht erhalten, so sehr hatte ihn eine unbestimmte Furcht ergriffen, eine Furcht, die ihm heiß machte, die sein Herz beschwerte, die ihn daran denken ließ, ob es nicht gut wäre, niederzuknieen und zu beten. Er hatte sehr große Lust zu weinen, aber es umwehte ihn wie ein Schauer unsichtbarer Fittiche, so daß er mit weit aufgerissenen Augen vergeblich der Thränen harrte ... Da stand er nun am Bett. Die Aprikosen lagen noch auf dem Tischchen. Wie leicht hätte er nun eine nehmen können und niemand würde was merken. Und die Arzneiflaschen standen da, rot beklebt.

Die Mutter war bleicher, als er je an einem Menschen gesehen. Er sah sie gar nicht atmen, und er fragte sich neugierig, wie es komme, daß sie so unnatürlich starr dalag, mit dieser wächsernen Farbe des Angesichts. Die Augenlider waren ja nicht einmal völlig geschlossen; das Dunkel des Augapfels schimmerte durch die Wimpern, – so, als wäre sie über irgend einen Gegenstand in sehr tiefe Gedanken gefallen, so daß sie alles um sich her vergessen mußte. Aufgelöst waren die Haare und sie flossen hinab über den Bettrand .... Jetzt hörte er ganz deutlich, daß Jemand im Wohnzimmer draußen stöhnte! Das mußte wohl Tante Regina sein. Aber weshalb sollte sie wohl weinen? Sie war doch schon so alt. So alte Leute weinen doch nicht mehr.

Peter berührte die Hand der Mutter und erschrak. Wie kalt fühlte sich das Fleisch an! So kalt wie ein Stein. Er beugte sich zu ihr. Er näherte die Lippen ihrem Ohr und fragte: »Schläfst du Mutter?«

Ruth

Abgespannt und unbeweglich saß Formes, der Student in seiner Kammer und starrte mit verglasten Blicken zu Boden. Ein Leben der Eintönigkeit und der Demütigungen, wie er es führte, ein Leben des Nichtsthuns und der Jagd nach schalen Genüssen hat freilich seine Augenblicke der Zerknirschung, in denen man jene guten Vorsätze faßt, welche später zertrümmert und zerschellt sich wiederfinden, gleichwie die Fetzen eines vom Packeis zerrissenen Kahnes. Lange Zeit saß der hagere Student so, dem schmerzlichen Anschauen eines leeren Daseins hingegeben, und der Regen fiel vom Himmel und benetzte die Scheiben und klatschte auf den Pflastersteinen der Gasse mit seltsamer Geschwätzigkeit, und nebenan lärmten die Kinder und eines sang ein Lied und das andere knallte mit einer Peitsche und ein drittes blies in ein Trompetchen, so daß es schrill und durchdringend in alle Ecken des Hauses scholl. Die Bälge verbittern mir auch noch das Leben, dachte Formes und blickte finster in den grauen Himmel hinein. Wie traurig, daß die Mutter auf die Verpflegung fremder Kinder angewiesen ist. Und wie kläglich ist der Gewinn daraus! Meist waren es Bauernkinder aus den umliegenden Ortschaften, die in der Stadt die Schule besuchten und nur am Sonnabend zu ihren Eltern gingen, um den Feiertag zu Hause zuzubringen. Und als die Dämmerung hereinbrach, erhob sich Formes, froh, von seinen Grübeleien abgelenkt zu sein, und betrat das Zimmer, wo die sechs Kinder wie sechs Vögelchen in heiterem und lautem Spiel umhertollten. Sie haschten einander mit Jauchzen und Händeklatschen; ihre Augen leuchteten und ihre Wangen waren frisch gerötet. Eine düster brennende Lampe stand auf dem Tisch; um die Lampe herum lagen in krausem Wirrsal Schiefertafeln und Fibeln und Griffel, und die kleinen, braunen Rechenbüchelchen von Heuner.

In dem Augenblick, wo Formes den Raum betrat, wurde es mäuschenstill unter dem kleinen Völkchen. Jedes der Kinder blieb an seinem Platz wie angewurzelt stehen und jedes schaute zu Boden, – so, als ob es genascht hätte und dabei ertappt worden wäre. Manche blinzelten scheu von unten herauf an dem »Mann« empor, und zwei lächelten sich sogar verstohlen zu.

Mit den Händen in den Hosentaschen blieb Formes an der Thüre stehen und versuchte, kindlich unbefangen zu lächeln. Aber er fühlte selbst, wie schlecht ihm das gelang, und aus Ärger darüber, wohl auch aus Ärger, daß er sich bei Kindern mit einem Lächeln einschmeicheln wollte, klapperte er heftig mit den Schlüsseln in seiner Tasche. Und er forderte die Kleinen mit rauher Stimme auf, weiter zu spielen, und dazu nickte er jovial und zwinkerte mit den Augen. Die Kinder begannen sich wieder zu bewegen; sie gingen umher, plauderten miteinander, aber es lastete gleichsam wie ein Druck auf ihren Herzen. Kein frohes Spiel wollte sich mehr gestalten, und Formes gewahrte mit einem Zorn, der ihn selbst betroffen machte, wie sie immer stiller und scheuer wurden, wie sie sich schließlich um den Tisch gruppierten, um mit etwas trotziger und herausfordernder Geschäftigkeit ihre Schulaufgaben zu vollenden. Formes runzelte die Stirn und blies den Atem durch die gespitzten Lippen. Er fühlte sich überflüssig und beschämt und wußte durchaus nicht weshalb. Er errötete (wie lange schon war er nicht mehr errötet!), und auch hiervon wurde ihm der Grund nicht klar. Er versuchte, kindlich mit den Kindern zu reden, aber was er sagte, war nur kindisch, so daß die vier Mädchen leise darüber kicherten und sich viel verständiger dünkten als er.

Da gewahrte er in einer Ecke, dicht an die bunte Gardine geschmiegt, ein Kind, das ihm gänzlich fremd war. Und er war bestürzt durch den Anblick, der sich ihm bot. Ein bleiches Gesichtchen sah in süßen Ovallinien aus einer Flut glänzend schwarzer Haare hervor. Die gelbliche Blässe dieses Antlitzes war so fremdartig, und die großen, dunkelen Augen, die wie Sterne aus der finsteren Ecke herüberleuchteten, waren von so seltner Glut erfüllt, daß Formes hinüberstarrte wie auf eine Erscheinung. Das Kind rührte sich nicht. Es hatte die Blicke unverwandt auf den langen, hageren Menschen gerichtet, voll Furcht und zugleich voll Wildheit. Und die Nasenflügel zitterten leicht, und die kleinen schmalen Händchen klammerten sich fest an die Gardine und hinter diesem Bild voll Zauber lugte die matte Nacht herein, durchzittert und durchwogt von letzten Dämmerlichtern. Formes fragte sich beklommen, wo das Mädchen herkomme, denn er hatte es noch nicht gesehen unter den übrigen. Aber unter den Blicken des Kindes verwirrten sich seine Gedanken. Sein Herz öffnete sich plötzlich einer Bitterkeit, die ihm ganz neu war, und die ihn auf sein vergangenes Leben schauen ließ, wie auf eine einzige durchschlemmte Nacht. Eine brennende Sehnsucht nach Frieden und friedlicher Arbeit erfüllte ihn plötzlich und ein sonnenvolles Land öffnete sich plötzlich seiner Seele, und ein Haus stand davor mit weißgetünchten Mauern und grünen Fensterläden und ein Park, an dessen Wegen die Bäume wie Brautpaare standen und sich die Äste reichten. Doch dies währte kaum länger, als man braucht, es zu erzählen. Er wollte hingehen, um das Mädchen anzureden, aber siehe, seine Glieder waren wie gelähmt. Er wagte es nicht, das Kind anzureden. Darüber war er sich völlig klar, daß er zu feig war, den furchtsamen und doch unbefangenen, durchbohrenden Blicken des seltsamen Geschöpfes stand zu halten, und er ging, – er flüchtete aus dem Zimmer. Draußen fragte er die Schwester nach dem Neuankömmling. »Aus der werden wir auch nicht klug,« erwiderte Cenci etwas hastig. »Das Kind spricht nicht, es lacht nicht, es spielt nicht, wenn sie alle spielen. Seine Mutter ist ein armes, armes Mädchen, das sich kümmerlich mit Nähen fristet. Kaum ein paar Pfennige kann sie für das Wurm zahlen.«

Formes nahm Hut und Mantel. Erst als er die einsame Straße entlang ging, verlor sich langsam die drückende Wehmut in seinem Herzen. Aber am folgenden Tage suchte er den Anblick des Kindes zu vermeiden, wo es möglich war. Er schalt sich thöricht, er machte sich mit Heftigkeit und Erbitterung vor sich selbst lächerlich, aber er gedachte mit Schrecken an die Reihe jener nagenden Gefühle, die das erste Erblicken des blassen Mädchens in ihm hervorgerufen hatte. Einmal jedoch, spät war es am Abend, stand das Kind im Flur, eben als er sich zum Ausgehen rüstete. Es war barfüßig und mit einem dünnen, weißen, Kattunschlafröckchen angethan und schaute mit unverwandten Blicken in den Sternenhimmel, der über den Schneedächern, über den Schneefeldern, über den Gärten und über den Wäldern lag, wie eine schwarzblaue Glasglocke, die an vielen, vielen Punkten durchlöchert ist, so daß man das goldene Feuer durchblitzen sieht, welches im Himmel brennt. Da faßte Formes den Entschluß, das Kind anzureden. Er that es mit Widerwillen und mit Überwindung, aber ihm war, als könne er sich dadurch loskaufen von der fremden, eindringlichen, beängstigenden Macht, welche dies Kind auf ihn ausübte.

»Wie heißt du denn?« fragte er, zu dem Mädchen tretend, und sah mit einem seltsamen Gemisch von Geringschätzung und Scham auf dessen ruhig zum Nacken strömendes Haupthaar.

»Ruth heiße ich,« erwiderte die Kleine mit einer vornehmen Biegung des Köpfchens. »Ruth« wiederholte sie scheu, als könne man ihren Namen nicht gleich aufs erste Mal verstehen. Dann sah sie ihm wieder mit jenem vollen, bangen Blick in die Augen, der ihn zwang, sich abzuwenden. Wenn nur jenes Grübeln von mir ginge, dachte Formes. Und von neuem kam das Bild: blaßwangig mit feuchten, schweren Augen, in denen der suchende Blick lag und von Verlassenheit und Freudlosigkeit redete. Es war, wie wenn Stimmen des Himmels sprächen; es war auch, wie wenn in tiefer Nacht, gleich nachdem der Sturm sich zur Ruhe gelegt hat, eine sanfte und gleichmäßige Musik aus geheimnisvollen Räumen fließt und sie wogt und schwindet, während das Herz klopft und die Lippen ein verlangendes Wort murmeln. Und wir können wähnen, daß auf unserm Haupt eine goldene Krone säße und langsam hinschmölze vor den Strahlen des Glücks und der Erwartung. Und ein fremder Stolz umgiebt die Wangen und den Mund. Und die Nacht ist so reich, und die Sterne wandeln so vorsichtig dahin, um die Sehnsucht nicht geringer werden zu lassen. Und in den Flammen des Ofens steigen feurige Paläste auf und lassen uns wünschen: so möcht' ich wohnen.

Alles dies empfand Formes und noch mehr.

In der nächsten Nacht ereignete es sich, daß er durch den leisen Druck einer Kinderhand aus dem Schlafe geweckt wurde. Ruth stand an seinem Bett. Wie das Kind zu dieser tiefen Nachtstunde hereingefunden, blieb ihm verborgen. In wenigen Sekunden war all seine Schlaftrunkenheit verscheucht, und mit Schrecken und Staunen betrachtete er das Kind in dem ungewissen Dämmerlicht der halbhellen Winternacht.

»Du mußt uns helfen; willst du?« flüsterte Ruth ganz leise und schauerte zusammen. »Schau, die Mutter weint oft die ganze Nacht, wenn sie glaubt, daß ich schlafe. Weißt du, warum sie weint? Nicht? Dann mußt du hingehen und mußt sie fragen.«

Formes fühlte etwas zerfließen in seinem Herzen und er preßte die Lippen zusammen. »Du frierst ja, Kind,« sagte er mit rauher Stimme, nahm das Mädchen und zog es in sein Bett.

»Bist du auch brav? Betest du auch?« fragte Ruth, als sie zufrieden das Köpfchen in den Kissen zurecht gelegt hatte.

»Nein.«

»Nein? Wirklich? Niemals betest du?«

»Doch – bisweilen –«

»Und warum hast du denn so einen langen Bart? Wie häßlich das ist, der kratzt ja, den mußt du dir wegthun lassen. Willst du? O, was bist du für ein schwarzer, schwarzer Mann, – du!«

Und sie bedeckte das Gesicht mit den Händen. Formes lachte.

»Gelt, du läßt deinen Bart ein wenig schneiden? Dann hab' ich dich gern. Und versprich mir auch, daß du der Mutter helfen willst. Du weißt doch wo sie wohnt? Also paß auf: nämlich in der Bauerngasse im dritten Stock.«

»Warum hab' ich denn keinen Vater wie die anderen Kinder?« fragte die kleine Ruth nach langem Stillschweigen. Und als Formes nicht antwortete, weil wieder jene beengende und heiße Wehmut über ihn hereinbrach, flüsterte sie weiter: »Sie fragen mich immer alle, wie heißt denn dein Vater?... aber ich weiß nicht, ich weiß gar nicht. Das ist doch dumm, gelt? Was ist er denn nur? Vielleicht hat er mich nicht lieb, du? Sag doch.«

»Ja, ich weiß auch nicht,« erwiderte Formes, und er fand es gar schwer, Worte zu finden für das Kind.

Und nach langem Nachdenken begann das Mädchen hastig, als dürfe es diese Frage nicht vergessen. »Du, was ist weiter, Amerika oder die Welt?«

Der große Student konnte nicht darauf antworten. Es war eine fremde Sprache, die er vernahm. Ungewohnter Gefühle voll, schaute er in die dunkle Nacht hinein, die lautlos auf der Erde lag und die sich unermeßlich hinzudehnen schien über alle Länder und über alle Sterne. Er hörte wohl, wie das Kind weiter plauderte, und nicht zur Ruhe darüber kommen konnte, wo der liebe Gott wohne und ob er Flügel habe wie die Engel und ob das Paradies schöner sei wie der Stadtgarten hinter der Burg, aber er fühlte sich arm dieser kindlichen Welt gegenüber und er sah immer nur auf die Häusermauern hinaus, den Kopf auf den Arm gestützt. Er sah gleichsam die Stille draußen schleichen, wie sie mit wehenden Tüchern alle Dinge umwand, und er sah den dunklen Schlaf mit müßigem Schritt durch die Gassen schleichen. Endlich warf er auch seine Körner in die Augen der kleinen Ruth, während Formes bis zum Anbruch des Tages wach blieb.

Am folgenden Nachmittag ließ er sich die Hälfte des Bartes abnehmen und ging dann in die Bauerngasse, nachdem ihm Cenci auch die Nummer des Hauses angegeben hatte. Er vermochte sich zwar durchaus nicht vorzustellen, wie er helfen könnte; denn Geld besaß er nicht. Aber er ging von einer fremden Macht befehligt, und ein wunderbares Vertrauen zu dieser Macht erfüllte ihn.

Als er die drei überaus steilen Treppen erklommen und eine zerbrechliche Thür geöffnet hatte, sah er ein junges, schmächtiges Weib beim Fenster sitzen, das sich bei seinem Eintritt erhob. Aber sie sah ihn kaum, als sie laut aufschrie, und es war, als ob sie seinen Namen suchte. Er zitterte. Das junge Weib blickte ihn lange Zeit an, mit Lippen, die gleichsam durstig waren, zu reden, aber sie brachte nicht eine Silbe hervor. Formes fühlte, daß er kalt wurde an Händen und Füßen. Nur unvollkommen konnte er denken, und er sah das Gesicht dieser Frau, wie es jünger war und schöner; er sah es wie sie heraufstieg aus den Nebeln vergangener Jahre mit all der jugendlichen Anmut des Weibes, das eben die Schwelle der Kindheit verläßt. Nur flüchtige Tage waren es gewesen, Tage der Leidenschaft und lange, lange hatte Formes selbst den Namen des Mädchens vergessen, das sich ihm so hingegeben: ohne Frage, was die Zukunft bringen möge und ob der Mann mit strenger Faust den Zügel des tollen Renners Leben zu halten verstünde. Und das Voneinandergehen kam still und natürlich, wie bei zweien, die sich nun entbehren können, nachdem sie gemeinsam das Mahl der Freude genossen haben. Und das eine versank in Not und das andere versank in Not und auf Flügelfüßen enteilte die Zeit, leer an Glück und berstend von gespenstigen

Schicksalen. Sie ist an meinem Herzen gelegen und Ruth ist mein Kind, dachte Formes und eine solche süße Befriedigung floß in seine Brust, daß sich seine Augen mit hellen Thränen füllten. Wie der Mondschein im Herbst an den Fenstern zittert, so durchirrte eine scheue Glut sein ganzes Wesen und warf einen zauberischen Schein auf den Weg, der vor ihm lag. Er wußte nicht, was er zu dem jungen Weib sagte, er sah nur, daß es ihr plötzlich klar geworden, wohin sie ihr Kind gebracht, sah, wie sich ihr Gesicht in Angst, Abscheu und Reue verzog, und da wandte er sich zum Gehen. Nicht, als ob er zu verstockt gewesen wäre, ihr die Hand zur Versöhnung zu reichen, aber er erachtete dies nicht für wesentlich; ganz Anderes erfüllte ihn nun und das Kind, das er gewonnen, wollte er schnell beglücken mit allem Glück der Liebe. Darum war er gegangen.

Das arme Weib aber raffte ein Tuch und ihren Mantel aus einer Ecke hervor und stürzte fort: ihr war, als sei Ruth in Gefahr und als müsse sie das Kind noch in dieser Stunde sehen und zurückbringen in ihr dürftiges Heim, damit es nicht verdorben werde durch den Blick des betrügerischen Mannes, dem sie sich einst berechnungslos ergeben hatte.

Formes wanderte weit hinaus in die Felder, wo es sehr einsam war. Ein bleiern schwerer Himmel hing droben und der niedere Flug der Raben trieb Staub aus den Äckern empor. Und hinten lag die Stadt ausgebreitet, und die roten Ziegeldächer schoben sich ineinander wie die Schuppen eines Reptils, und die Häuser stiegen an bis gegen die Burg hinauf, dem ehrwürdigen Heim heldenhafter Kaiser. Niemals hatte diesen hagern Studenten eine solche Fülle weicher und trauriger Empfindungen beherrscht. Bereit zur Hingebung an Gutes und Edles, sah er einen Weg in die Zukunft vor sich, den er wandeln wollte mit herber Entschlossenheit. Sich loslösen von den Genossen und allein den stillen Pfad zur Kraft wandeln, das beschloß er. Die lockere Weisheit des fatalistischen Beharrens verachten zu lernen und sich mit strenger Arbeit ein Bett zum guten Schlaf erkaufen, das Leben der Mühe wert zu leben machen, hingehen und hoffen und allen Kleingeist zerbrechen wie dürres Rohr, das war ein Ziel. Er fühlte, daß es gut würde, wenn er jetzt gehorchte und die beglückende Frohheit und Kampfwilligkeit nicht ungenutzt vergehen ließ. Und das alles hatte ein armes Kind vollbracht, das an ihn glaubte und dem er näher stand, als irgend ein Mann der Welt. Er sagte sich, daß etwas Herrliches und Erhabenes darin liegt, ein Wesen zu lieben, welches vom eigenen Fleische stammt, ein Wesen, das lachen kann und weinen kann und beten kann, und das Schönheit besitzt, die ihm zugeflossen reichlich und wundervoll, wie aus einem unsichtbaren Gnadenquell.

Er kehrte nach der Stadt zurück und hatte indes einen feinen, glücklichen Plan ersonnen. Er suchte einen jungen Freund auf und bat so ernst und eindringlich, wie er nie zuvor gethan, um ein Darlehn von zehn Mark. Im

Besitz des Verlangten, betrat er einen großen Spielwarenbazar, wo er eine überaus prächtige Puppe kaufte. Sie hatte echtes Haar von aschblonder Färbung und besaß einen edlen, damenhaften Gesichtsausdruck. Es war eine Puppe, die Persönlichkeit besaß. Ihre Bewegungen waren weder eckig noch kreischten die Gelenke dabei, sondern sie hatte die einschmeichelnde Grazie einer Südländerin, und wenn sie »Mama« sagte, so klang das, wie wenn ein wirkliches Mädchen sagt: Ich liebe dich. Ihre Kleidung war so kostbar, daß ein tartarischer Chan vor ihr sich hätte schämen müssen. Mit diesem köstlichen Schatz also bepackt, wanderte Formes dem nördlichen Stadtteil zu. Sein Herz klopfte vor ungestümer Bewegung und zum erstenmal empfand er, darüber erstaunend, die Freude des Gebens.

Es war schon acht Uhr, als er zu Hause anlangte. Freilich waren die Kinder jetzt schon zu Bett gegangen, aber er wollte Ruth wieder wecken. Ohne der Schwester oder der Mutter zu begegnen, schlich er zum Schlafzimmer der Sieben. Er zündete eine Kerze an und bemerkte, daß seine Hände dabei zitterten. Dann suchte er die Bettchen ab; immer ungeduldiger ging er von einem zum andern, und er wußte nicht, wie ihm geschah, als er das Mädchen nicht fand. Es waren vier Betten und eins stand leer. In den andern lagen je zwei Kinder. Er suchte noch einmal, er leuchtete jedem der Schläfer ins Gesicht, aber die kleine Ruth fand er nicht. Da lächelte er plötzlich, und dieses Lächeln war kindlich und voll Heiterkeit. Während der Dauer dieses schönen Lächelns war er ein völlig anderer Mensch. Er ging mit der Kerze in der Hand in sein eigenes Zimmer; denn er war fest überzeugt, das Kind habe sich heimlich dort drüben eingenistet, um bei ihm bleiben zu können. Im Korridor jedoch traf ihn seine Schwester Cenci, die ihn etwas erstaunt ansah, als sie ihn mit dem Licht in der einen und dem Packet in der andern Hand erblickte. »Du, Hans,« sagte sie, als sie sich schon abgewandt hatte, »die kleine Ruth ist heute plötzlich geholt worden. Ihre Mutter war da und war sehr aufgeregt. Sie hat uns das Geld auf den Tisch geworfen und ist dann mit dem Kinde gegangen. – Was ist dir denn, Hans? Du bist ja so bleich?« Mit langsamem Kopfschütteln wandte sie sich ab und zum ersten Male fühlte sie sich durch irgend etwas dem Bruder nahe, obwohl ihr keineswegs der Grund davon klar wurde. Stets lag Finsternis und Sorge über diesem Haus und die Menschen darin waren froh, wenn sie mit ihrem Tag zu Ende waren und sich das bischen Schlaf ergattert hatten.

Formes stand noch geraume Zeit. Ein dumpfer Laut entwand sich seinen Lippen und mit heißem Ingrimm fühlte er, daß etwas Herrliches für ihn verloren gegangen sei in dieser Stunde. Dann ging er hinab auf die Straße und zertrümmerte die kostbare Puppe am Rinnstein. Damit zertrümmerte er auch das lockende Gebäude der süßen und hoffnungsvollen Träume. Schwer und grau zogen die Wolken der kommenden Jahre heran. Wie lichtlos war all dies Treiben, all dies Hangen zwischen Hoffnung und Verbitterung! Es geht einer einen blühenden Wiesenweg entlang und mühelos vermeint er das köstliche Dach seiner Heimat zu erreichen. Aber da öffnet sich plötzlich eine weite Schlucht vor seinem stockenden Fuß, und er kniet verzweifelt auf einen harten Fels nieder, und mit geringschätzigem Lächeln giebt er es auf, das Hoffen und das Warten.

Formes ging zum Thor und sah gegen den hellen Mond empor. Schwebte nicht unter den Himmeln ein Kind mit blassen Wangen und streckte die Arme nach ihm aus?